Alkuajatus

Lär dig att lyssna
på dig själv 1

AKTIVBOK

Kombinerad Internet-tjänst och bok

" Ge honom inte tro eller färdiga svar,
lär honom att lyssna på sig själv."

Hannu 2013

2

www.alkuajatus.org

Alkuajatus: Lär dig att lyssna på dig själv 1 aktivbok

Upphovsrätt: Hannu 2013
Författare: Hannu
Omslag, illustrationer och layout: Hannu
Originalspråk: Finska
Originaltitel: Opi kuuntelemaan itseäsi 1 aktiivikirja,
          Utgiven 2013, ISBN 9789522866622
Översättning: Alkuajatus Översättningsteam – Ansvarig översättare: Sami
1:a upplaga på svenska, utgiven år 2013

Förlag: Books on Demand GmbH, Helsingfors, Finland
Tillverkad av: Books on Demand GmbH, Norderstedt, Tyskland

ISBN: 978-952-286-679-0

Innehållsförteckning

Kopiera eller plagiera inte tankarna i denna bok. Om du upplever de vara så mycket värda att du vill berätta om dem, ta ansvar och berätta om denna bok d.v.s. om tankens källa, inte bara om dina egna tankar som föds baserat på tanken i denna bok. Hjälp människor till samma källa. Annat vore oärligt mot andra och även dig själv.

Alkuajatus är en självständig, ursprunglig tanke och sin egen helhet, som inte grundar sig på andra tankar. Blanda inte ihop olika tankar när du observerar saker. Varje tanke är sin egen och observerar saker från sin egen synvinkel. De är inte samma tankar, även om de skulle innehålla likheter eller beröra samma saker.

När vi talar om vetskap om vår inre värld, har endast den ursprungliga vetskapen ett värde. Vetskap om det inre hittar man endast genom att fördjupa sig i sitt eget inre. Forskning gjord utifrån producerar inte vetskap om det inre, det producerar vetskap om människors reaktioner och beteende. Sådan forskning har inte någon som helst direkt kontakt med människans inre.

Vetskap som har samlats ihop på grundval av vad andra har hittat inom sig är andrahandsvetskap, och den som berättar om det har inte någon egen direkt relation till vetskapen. Utan eget personligt seende av den inre verkligheten är det en tankeprodukt, en föreställningsprodukt.

Sanningen är inte en cocktail som man kan skrapa ihop lite här och var enligt eget godtycke, och av till synes kompatibla pusselbitar, och den kan inte hittas genom att forska utifrån och skapas genom att tänka.

Detta verk

Detta verk ger dig inte färdiga svar. Detta verk hjälper dig att observera saker så att du hittar dina egna svar inom dig.

I detta verk fördjupar vi oss i de saker som är grundläggande när det gäller att lyssna på sitt eget jag, och som är ovillkorligt viktiga att förstå om att man alls ska kunna lära sig att lyssna på sig själv.

Alkuajatus gör inte någon till sig själv. Alkuajatus hjälper personen att närma sig det äkta jaget genom att observera saker och genom insikt.

Alkuajatus talar inte om för dig hur du ska leva, hur du ska vara, vad som är rätt och fel eller bra och dåligt. Alla dessa är saker som var och en själv behöver svara till sig själv.

Det är bra att fördjupa sig i detta verk ordentligt. Utan bra fördjupning fungerar detta lika bra som oäten mat.

Det är bra att vara medveten om att ingen annan kan fördjupa sig i personens inre än personen själv. Om man inte själv bekymrar sig över det, kommer ingenting att förändras till det bättre, däremot till det sämre.

Man kan fördjupa sig grundligt i denna bok och samtidigt ta ett steg mot större inre frihet. Alternativt kan man snabbt läsa igenom boken och förlora tillfället att hitta det man söker.

En stor del av det som boken ger föds ur läsarens egna insikter, vilka är resultatet av att man har fördjupat sig väl och de insikterna är denna boks mål.

Varför bekymra sig över inre frihet?

Vi använder åtminstone ett par av de första årtiondena av våra liv på att växa till att bli någon annan. Vi har lagt ned mycket möda för den sakens skull och lärt oss världens värderingar och de ansvar som världen lär ut.

Vi kan möjligen uppleva att vår person är rätt konstruerad enligt den inlärda mallen och vi vill uppnå den lovade belöningen d.v.s. framgång.

Vi vill inte märka att vår person inte är oss själv och att den inte motsvarar vår egen inre vilja, och att den inlärda verklighetsuppfattningen inte är sann.

 *1. Varför upplever vi att det är svårt att ge upp de inlärda mallarna?*

Istället är det mycket vanligt att vi letar efter lösningar med vilka vi kan laga vår person på så sätt att vi kan lyckas bättre med förverkligandet av de inlärda drömmarna.

 *2. Varför strävar vi efter att laga vår person till fördel för de inlärda mallarna?*

Vi kan möjligen tänka att det dåliga måendet inom oss är något fel som förhindrar oss från att förverkliga vår vilja, utan att märka att det dåliga måendet är en följd av att vi är på fel väg, inte på vår egen äkta viljas väg, utan på den viljas väg som vi har blivit lärda.

De läror som grundar sig på världens tanke vill få oss att tro att det inre dåliga måendet är något som ska rättas till på så sätt att vi skulle fungera bättre enligt den inlärda viljan.

8

Att fördjupa sig i inre frihet löser problemet, det verkliga problemet, som är att den äkta egna viljan har ersatts med en oäkta vilja som är i enlighet med de värden som vi har lärt oss.

Utan fördjupning i inre frihet kan vi inte på ett äkta sätt vara oss själva, eller verkligen fria. Vi är fångar av de inlärda tankarna d.v.s. fångar av maktspelets tankar.

 *3. Varför förutsätter äkthet inre frigörelse?*

Många kan uppleva att det är så tungt att fördjupa sig i sitt inre och uppleva att de inlärda värdenas materiella målsättningar, samt den popularitet som fås med de värdena, vara så viktiga att de inte vill ge upp dem.

Det skulle vara bra för var och en att stanna upp för en stund och fråga sig själv ifall jag vill vara mitt äkta jag och förverkliga min äkta vilja, eller vill jag vara någon annan och vara en del av maktspelet och dess lögn.

 *4. Varför gynnar inte världen tanke, maktspelet, personen äkta vilja?*

Någon kan uppleva att närmandet av sitt verkliga jag är tungt och svårt, speciellt om han längtar efter yttre bekräftelse av de som vill att han ska vara i enlighet med den inlärda tanken och förverkliga deras värden.

 *5. Finns det någon möda som är så stor att den skulle göra det olönsamt att bli sig själv?*

Tankar med yttre ursprung ger yttre uppskattning och en person som är baserad på dem söker yttre uppskattning. Hon är beroende av andras godkännande och uppskattning. Hon är en fånge av yttre tankar och hon upplever inre tomhet i den grad som hon är ärlig mot sig själv om det.

 *6. Varför gör yttre värderingar en beroende av yttre uppskattning?*

Inre tankar, d.v.s. tankar som har sitt ursprung i en själv, ger inre uppskattning. Personen upplever själv deras värde och hon upplever inre balans. Hon är inte beroende av andras godkännande. Hon är inre fri och upplever andlig tillfredsställelse av förverkligandet av sitt livs mening.

 *7. Varför är inte uppskattningen som kommer ur den egna viljan, den egna inre världen, inte beroende av yttre uppskattning?*

Det finns bara ett enda äkta jag, en enda äkta egen vilja.

Det finns inga alternativ och det faktumet förändras inte av någons åsikt, inte ens den egna.

Därför borde man fråga sig själv att ska jag fördjupa mig i inre frihet eller ska jag fortsätta med att överge mig själv genom att vara någon annan?

Hur man fördjupar sig?

Denna bok kan användas på flera olika sätt. Hur än den används, är det bra att märka att frågorna är en betydlig del av helheten, de hjälper en att förstå saken. De förstärker observationen genom att lägga fokus på viktiga saker. När det dyker upp egna frågor i det egna sinnet, fokusera även på dem bra och noga.

1. Att fördjupa sig ensam

Man kan jobba ensam. Då fördjupar sig läsaren i saken i lugn och ro och svarar på frågorna själv i ensamhet.

Det kan vara bra att skriva ned svaren i ett häfte.

Det väsentliga är att man fördjupar sig ordentligt i saken. Insikterna är inga gåvor från ovan. Man måste själv uppnå dem.

 *8. Varför måste man lägga ned arbete för att få insikter?*

2. Insiktskvällar

Insiktskvällen är ett evenemang som vem som helst kan hålla hemma. Vänner samlas och njuter av en kväll med insikter.

Var och en ska ha en egen bok för att fördjupandet verkligen ska ske i egen ro. Boken är bra att ha hemma såväl som på Insiktskvällarna.

Var och en fördjupar sig själv och självständigt i texten.

När alla är klara med att ha observerat saken, går man igenom det valda stycket ett kapitel i taget under ledning av handledaren, och observerar tillsammans vad texten betyder, för att vara säker på att ingen har några oklarheter i det man har läst.

Efter det läser handledaren upp frågorna ett i taget varefter deltagarna, varav även handledaren är en, berättar om sina egna insikter som föddes när de läste eller efter att de läste.

När man går igenom boken på detta sätt bör man använda Alkuajatus Insiktskvällsguide, som kan man hitta på Alkuajatus hemsida. Insiktskvällsguiden är gratis.

Det är även bra om handledaren deltar i Alkuajatus Insiktsverkstan eller Insiktschatten, men inte absolut nödvändigt.

Handledaren kan bytas från gång till gång. Han är inte en lärare, han håller samtalet inom ämnet och ser till att den fortskrider med lämplig fart. Om det är nödvändigt, delar han ut ordet.

Denna form av fördjupning är oftast mer givande än att studera ensam, eftersom man samtidigt får en ökad förståelse för hur andra upplever saken och uppleva närhet till de andra. Dessutom skärps ens egna insikter när man talar om dem, och samtidigt får man möjligen av de andra något som hjälper en att upptäcka mer.

Insiktskvällen bygger även upp gruppens verklighet. Det är ett tillfälle för bra diskussion, där var och en får frihet och utrymme att vara öppen om sina tankar, om sin syn på livet.

Insiktskvällarna förbättrar deltagarnas och gruppens livssyn. Gruppens förbättrade livssyn främjar förbättrandet av deltagarnas livssyn ytterligare.

 *9. På vilket sätt kan Insiktskvällen vara nyttig när man observerar saken?*

 *Ladda ner den senaste versionen av Insiktskvällsguiden på hemsidan www.alkuajatus.org*

3. Aktivchatt på nätet

Bokens ämnen diskuteras i Aktivchatten på internet.

Du kan även delta i Alkuajatus Insiktschatt, som har intressanta små ämnen om livet som väcker diskussion.

 *Gå in på hemsidan www.alkuajatus.org för att sen Aktiv- och Insiktschattarnas veckokalender.*

Kort instruktion för Insiktskvällen

Insiktskvällen tar inte bort självständigt arbete. Man bör märka att självständigt arbete är självständig observation av saken. På Insiktskvällen observerar var och en saken självständigt och diskussionen är att ta fram de upptäckter och insikter som man själv har gjort.

Att dela med sig insikterna kan hjälpa andra och även en själv att upptäcka något som annars inte hade lyfts upp. Det hjälper en även att se hur andra uppfattar livet och det höjer nivån på gruppens gemensamma uppfattning.

Syftet är inte att man frågar andra vad något är eller betyder. Var och en ska ställa den frågan till sig själv, eftersom endast det ger klarhet i saken för var och en. Man kan lyssna på andra, men inte tro på något, utan hitta förståelsen inom sig.

 *10. Varför är det viktigt att var och en frågar sig själv??*

Man ska inte försöka lysa och göra ett intryck på andra. Man bör sträva mot att förstå och inse saken för sig själv.

Diskussionen är inte en debatt och ingen ska krävas acceptera någon viss uppfattning.

Under diskussionen är det bra att lyfta fram praktiska exempel från livet och det är bra att komma ihåg att den centrala frågan är observationen av sin egen person och sin egen förståelse, inte att lära ut eller kritisera andra.

Nyckeln till att förstå vetskapen och till insikter är det ansvar som var och en tar för sig själv, för sin egen uppfattning. Ansvar i detta sammanhang är ärlighet mot sig själv.

Noggrannare instruktioner hittas i tidigare nämnda guide.

 *Du kan fråga mer om saken på hemsidan www.alkuajatus.org om du vill.*

14

Hur man observerar?

Läs i lugn och ro igenom denna bok, förhasta dig inte. Observera saker utan att blanda ihop tidigare uppfattningar när du observerar dem.

En av de viktigaste sakerna är sättet man observerar på och andra saker som gäller närmandet av saken. Underskatta inte deras betydelse.

Stanna upp vid frågorna och observera dem och svaren på dem. Det hjälper dig att gå djupare med din observation.

 *11. Varför bör man fördjupa sig i frågorna i lugn och ro?*

Läs gärna igenom denna bok flera gånger. Närma dig saken varje gång som om den var ny. Håll inte fast vid den uppfattning som skapades tidigare och sträva inte efter att förstärka den.

När man närmar sig saken med öppet sinne varje gång, ger man utrymme för nya upptäckter, upptäckter som annars inte skulle ha dykt upp i sinnet eller som skulle ha kommit långsammare.

Om vi håller fast vid våra tidigare uppfattningar, observerar vi i själva verket inte det skrivnas relation till verkligheten, vi observerar det skrivnas relation till våra tidigare uppfattningar. Det hjälper oss inte att se vad det skrivna presenterar, det begränsar oss inom de villkor som sätts av våra tidigare uppfattningar.

Om vi söker efter svar som vi önskar eller håller för rätta svar, blundar vi för att se de svaren som på ett äkta sätt dyker upp i sinnet.

Om vi letar efter bekräftelse för våra tidigare uppfattningar, letar vi möjligen efter bekräftelse för en tanke som håller oss fast vid något som inte hör hemma hos oss.

Då upptäcker vi inte det svaret som vi egentligen behöver och söker efter.

Det är bra att observera saken utan att ha en åsikt om den, och utan att söka efter vissa svar, och istället vara öppen för det som dyker upp i sinnet.

 *12. Varför är det viktigt att ha ett öppet sinne?*

Vad observerar man?

Denna bok är inte det egentliga objektet för observation, den är ett redskap till att lokalisera och se inom sig vad denna bok talar om. Det egentliga objektet för observation är ens eget inre. Då observerar man inre verklighet, inte yttre ord.

När man upprepade gånger fördjupar sig i saker som boken beskriver, med boken som ett hjälpmedel för koncentration, lyfts det upp nya insikter i sinnet och uppfattningen förbättras.

Man kan även observera den yttre världen och andra människor i ljuset av Alkuajatus vetskap, men även då bör man komma ihåg att i första hand observera sitt eget inre, sina egna uppfattningar.

 *13. Varför är det egentliga objektet för observation ens eget inre??*

Man ska inte kritisera andra personer eller den egna personen. Då observerar man inte en sak, man tillämpar en uppfattning.

Den tillämpade uppfattningen finns inom det inlärda tänkandets synvinkel, den får inte friheten att växa, den kväver friheten.

På samma sätt ska man inte kritisera de tankar och svar som lyfts upp i sinnet. De ska observeras, inte kritiseras.

 *14. Varför ska man inte kritisera de tankar som lyfts upp i sinnet?*

De tankar som lyfts upp i sinnet är ofta som grödor som behöver växa innan man får klarhet i vad de är. Oförhastad och kompromisslös observation av saker får grödan att växa.

Vilka svar letar vi efter?

Andras åsikter och uppfattningar har inget värde när man letar efter egna svar.

De egna svaren behöver inte vara helt olika saker, men deras ursprung måste finnas i en själv. Endast då förstår var och en själv de svar som de använder, och då är de svar i förhållande till det egna livet och den egna synvinkeln.

De kan skilja sig mycket från den allmänna åsikten eller andras uppfattningar, och det existerar inte någon bindande yttre regel för vad de egna svaren får vara eller vad de borde vara.

Man kan ha som den enda regeln att svaren ska verkligen vara ens egna svar till en själv. Ju ärligare man är mot sig själv, desto äktare är det frågan om verkligen egna svar.

Då svarar personen själv till sig själv och det är den enda vägen till egna insikter om saken. Olika yttre svar och råd är enklare att hitta, men endast de egna har ett värde.

 *15. Varför är det viktigt att själv svara till sig själv?*

Yttre svar har ingen direkt relation till någons egen äkta vilja. De är inte egna svar och användningen av dem förskjuter eller förbiser det äkta egna svaret, som är en förutsättning för ett äkta självständigt liv. Ju mer centrala svar det är frågan om i relation till det egna livet, desto viktigare är det att hitta det egna svaret.

 *16. Hur kan ett yttre svar påverka det egna svaret?*

Var börjar vi?

För att vi ska kunna närma oss livets grundfrågor, måste vi börja i början d.v.s. att vi observerar hur vi hamnade där vi är just nu, på vilket sätt och varför vår inlärda verklighetsbild är en lögn, samt hur vi närmar oss sanningen.

Det finns anledning att observera varje sak mycket och upprepade gånger för att man ska kunna bryta de inlärda tankarnas bestämmande ställning när det gäller att förstå och definiera verkligheten.

 *17. Varför ska man bryta de inlärda tankarnas bestämmande ställning i sinnet?*

Vi skulle kunna jämföra detta med att vi har vandrat långt på ett villospår som världen lär ut och som lovar att den ska leda till all slags gott, samt att det är för vårt eget bästa.

När vi har vandrat den stigen en viss tid, märker vi att det goda och det som är för vårt eget bästa inte hittas. Istället hittar man ett tomt och meningslöst liv.

Denna stig är tankarnas stig, en verklighetsuppfattning som vi har följt eftersom den lärdes till oss.

 *18. Varför är det vanligt att man är besviken och frustrerad?*

För att vi ska kunna hitta tillbaka till den punkt där stigen skiljdes från vår egen stig, måste vi vandra samma väg tillbaka.

När vi observerar tankar som skapar vår verklighetsuppfattning och avslöjar för oss själva vad som ledde oss vilse, då avvecklar vi den stigen.

Med hjälp av denna bok börjar vi avveckla villostigen och allteftersom den försvinner, närmar vi oss det äkta jagets och vår egen viljas stig d.v.s. vi befrias inombords.

Sanningen belönar inte hastighet eller att man samlar vetskap, den belönar endast kvalitén av ens förståelse av saken.

I detta sammanhang är kvalitet närhet till sanningen.

 *19. Varför belönar sanningen inte hastighet eller att man samlar vetskap?*

Hur når man sanningen?

Att nå sanningen i den inre världen är inte att lära sig sanningen, det är att komma ihåg sanningen, att föra den tillbaka till minnet.

Var och en har redan sanningen inom sig, den är endast gömd under lögner.

Därför får man inga resultat genom att tänka och sanningen kan inte hittas genom följdenligt tänkande, och den kan inte byggas baserat på värden som man håller för goda.

 *20. Varför kan inte sanningen hittas genom att tänka?*

Inget är sant bara för att det är vackert och värderas av någon.

Det som är sant är sant och det förändras inte för att behaga oss, och man når den inte genom att hitta på tankar som verkar vara vackra eller som åtnjuter andras godkännande.

Sanningen är vacker i sig själv. De skapade tankarnas vackerhet finns i betraktarens ögon.

 *21. Varför finns de skapade tankarnas vackerhet i betraktarens ögon?*

Vägen till sanningen går genom avslöjandet av lögner.

När lögnen försvagas eller försvinner, lyfts sanningen fram för att den alltid har funnits där. Utan avslöjande av lögner kan man inte hitta sanningen.

 *22. Varför går vägen till sanningen genom avslöjandet av lögner?*

Att hitta sanningen och att avslöja lögnerna stöds av en bra och sann beskrivning av den inre världen, men endast en egenhändig insikt, d.v.s. seende, tar en ända fram.

 *23. Varför är det endast en egenhändig insikt som tar en ända fram?*

Nytt och mer?

Det är vanligt att människan vill ha ny vetskap och mer vetskap.

Om detta tillämpas på observationen av det inre, har man som utgångspunkt att det mest väsentliga är mängden vetskap.

Detta populära tankesätt är mer att söka efter underhållning än att söka efter vetskap, och det är arketypen för otålighet.

24. Varför vill människan ha nytt och mer, och inte fördjupa sig ordentligt i det som redan finns till hands?

Att förstå det inre grundar sig inte på mängden av vetskap, det grundar sig på att inse det inre.

Sanningen, som leder till inre frihet, är inte övermåttligt mycket vetskap, det är framför allt insiktens djup som öppnar sanningen för observatören.

För att vi ska kunna förstå vårt inre, måste vi i första hand hitta det nya i nya insikter.

Det är bra att observera nytt material, men komma ihåg att observationen av samma material om och om igen leder till nya insikter.

De bästa insikterna om ämnet börjar komma först när man har observerat ämnet flera gånger om och har hunnit bli trött på det hela. Precis när man tror att man inte får ut mer ur något, föds det en ny insikt som avsevärt förbättrar den tidigare uppfattningen.

25. Varför öppnar tålamodig och upprepad observation sinnet för nya insikter?

Tro inte på vetskap

I tro finns lögnens frö.

I detta sammanhang syftar ordet tro på att man accepterar något påstående som sant utan att man själv kan verifiera den som sann.

Om någon vetskap är sann, kan man observera och ifrågasätta den tusen gånger utan att den faller. Observationen förstärker uppfattningen om saken, endast lögner faller vid närmare granskning.

Man behöver inte tro på någon vetskap som är sann.

Tro upphäver sakens observation, det fryser en fast vid någon tanke som personen i själva verket inte ens har en uppfattning om, hon bara accepterar den.

Personen slutar att observera verkligheten, hon observerar de tankar som är i enlighet med hennes tro.

 *26. Varför finns lögnens frö i tro?*

Lögner måste man tro på, eftersom de inte tål observation.

Objektet för tro kan t.ex. vara någon religiös lära, vetenskaplig lära eller morallära utan religiösa bindningar.

Vilken som helst tanke som kräver en bestämmande position kräver tro.

 *27. Varför tål sanningen observation?*

Kan man förstå livet och andra människor?

Om vi lyckas ge upp sådant som inte är sant, kan vi förstå verkligheten sådan som den är.

När vi observerar verkligheten, tillämpar vi våra uppfattningar när vi förklarar den. Om vår uppfattning är delvis eller helt lögn, ser vi inte verkligheten sådan som den är.

 *28. Hur påverkar lögner vår förmåga att se verkligheten?*

Att förstå verkligheten är inte svårt om sinnet inte är fylld med lögnaktig och komplicerad vetskap.

Lögner är oftast komplicerade. Deras förmåga att förklara verkligheten på ett trovärdigt sätt grundar sig på att skymma och täcka för sanningen. De är komplicerade eftersom deras brist på funktionalitet täcks för med komplicerade förklarningar.

Vi förhindras inte från att förstå livet och andra människor av något annat än de inlärda uppfattningarna d.v.s. de lögner vi har blivit lärda och vår önskan att hålla fast vid dem.

Vad som helst som inte är sant är en föreställningsverklighets sanning, med vars hjälp vi kan observera, men inte faktiskt förstå livet och andra människor.

 *29. Hur påverkas vår förmåga att förstå livet och oss själva av vår vilja att hålla fast vid inlärda uppfattningar?*

Att förstå någon annan är inte samförstånd, och inte nödvändigtvis ens acceptans, det är att förstå tanken och orsakerna.

Kan man hela sig själv?

Ja, det kan man, och ingen annan kan göra det åt någon annan.

Att hela sig själv är att närma sig sanningen, vars följd är att den inre klarheten växer. Det är ingenting annat.

Den inre förvirringens orsak finns i de lögner som vi har lärt oss att hålla för sanna.

 *30. Varför finns orsaken till förvirringen i lögnerna?*

Förvirring är att lösa ett problem eller att observera livet genom att tillämpa lögner. Då snurrar man runt tankar men inget verkligt svar hittas.

När personen fördjupar sig ordentligt i vetskap som hjälper henne att hitta sådant som är sant, och hon ser sanningen med egna ögon, försvagas lögnernas påverkan och till slut upphör den helt. Det får den inre klarheten och balansen att växa.

 *31. Varför får seendet av sanningen den inre klarheten att växa??*

Vi kan hitta hjälp som erbjuds av världens tanke för att bli hela, men det är inte att bli hel, det är att anpassa sig och underkasta sig till att leva på världens tankes villkor, som om den vore verkligheten vi måste acceptera, eftersom andra alternativ inte finns eller kan finnas.

Det enda äkta sättet att bli hel är tillväxten av inre klarhet, vilket är att närma sig sitt äkta egna jag. Det är inte att underkasta sig något eller att behaga någon yttre uppfattning.

Livet är en inre upplevelse

Vi upplever livet inom oss, och vi har inte något annat sätt att uppleva det på.

Vi kan möjligen leta efter och hitta materiella njutningar, men även i det fallet är upplevelsen en inre upplevelse.

Vi kan söka efter njutning i saker som ger yttre uppskattning, men upplevelsen är en inre upplevelse.

 *32. Varför är livet en inre upplevelse?*

Den enda verkliga prestationen är framskridandet och förverkligandet av den äkta egna viljan.

Alla andra prestationer är misslyckanden, eftersom de leder i fel riktning och är förverkligande av fel liv.

Världens tanke guidar till ett yttre värderingars liv, där den egna inre äkta viljan är missgynnad, eftersom den strävar mot ett liv baserad på de värderingar som lyfts fram ur en själv, och den kan inte styras utifrån.

Den äkta egna viljan är i konflikt med världens tanke, med tanken som leder till maktspelet, eftersom den för den inre frihetens sak och en som är inre fri inte underkastar sig maktspelets villkor.

Det enda sättet att uppnå ett balanserat och helt liv är att nå inre klarhet, det äkta jaget, den egna viljan och sanningen.

 *33. Varför är det endast sanningen som frigör en till inre klarhet?*

Sanningen

Sanningen är i sista hand den ovillkorliga, absoluta sanningen.

Den ovillkorliga sanningen är dock så långt bort från oss att det inte finns någon anledning att fundera på eller gissa över den.

För oss är det väsentliga att förstå sanningen på en nivå som hör ihop med vår äkta egna vilja, eftersom den är den enda nyttiga och användbara sanningsnivån för var och en.

Sanningen har uppnåtts när den har uppnåtts felfritt på en funktionell nivå i förhållande till behovet.

 *34. Varför ska sanningen inses på den äkta egna viljans nivå?*

Att underskrida den är skadligt och att överskrida den är inte möjligt, eftersom det inte motsvarar vår äkta vilja.

Jaget fungerar inte på ett sätt som avviker från dess äkta vilja, även om personen i sina föreställningar tror sig vilja något annat.

Med sanningen menar vi sanningen om vilka vi är, varför vi är och hur livet fungerar.

Vi har växt upp till att söka efter sanningen utanför oss själva, eftersom vi har växt upp till att bli styrda av yttre tankar.

Ändå finns sanningen inom oss och den har alltid funnits där. Vi behöver bara komma ihåg den, att återknuta vår kontakt med den.

 *35. Varför kan personen sträva emot att avvika från sin äkta egna vilja?*

Lögn

Lögn är vad som helst som täcker för sanningen.

Världens tanke är lögn, eftersom den täcker för sanningen för oss.

 *36. Varför är lögn vad som helst som täcker för sanningen?*

Lögnen har inga rättigheter, sanningen har alla rättigheter.

 *37. Varför har lögnen inga rättigheter?*

Lögnen används till att skapa en föreställning som inte är sann, och på så sätt påverka hur någon handlar.

Dess syfte är att underställa och styra andra. Det är maktspelets natur.

Sanningen lyfts fram när lögnen avslöjas och på grund av det gör maktspelet sitt yttersta för att lögnen inte ska avslöjas.

Andra kan styras endast genom att ljuga.

Utan lögn finns det inte makt, det finns fri vilja.

 *38. Varför finns det ingen makt utan lögn?*

Maktspelet erbjuder oss en uppfattning som är ett begrepp om sanningen inom dess egen verklighetsbild, och som inte avslöjar maktspelets lögn.

Det äkta jaget, alltså Jaget

Att närma sig det äkta jaget är inte ett intellektuellt problem, det är ett upplevelseproblem.

Jaget finns inte inom det begränsade, Jaget skapar det begränsade.

Tänkande och alla sätt att handskas med tankar på ett sätt som hålls för intellektuellt finns inom det begränsade och de är skapelser.

 *39. Varför är närmandet av det äkta jaget inte ett intellektuellt problem?*

Man kan inte hitta sig själv genom att använda skapelser.

Jaget kan inte närmas med tankar, genom att skapa flera tankar eller genom att utveckla tankar. Jaget skapar tankarna ur personens synvinkel, och inget av dem är Jaget.

Tankar är lika mycket Jaget som krukmakaren är en kruka.

 *40. Varför kan man inte hitta sig själv genom att tänka?*

Att närma sig Jaget är att uppleva Jaget på ett sätt där lögnen som skiljer en från Jaget försvinner.

 *41. Varför leder minskandet av lögner till att man närmar sig Jaget?*

Orsaken till att man föds

Ingen är född till att inte göra någonting.

Jaget skapar inget av slumpen. För att komma till denna värld behöver Jaget en orsak och det skapar den orsaken själv.

 *42. Varför skapar Jaget inget av en slump?*

Först finns det en tanke om att göra något och den är orsaken till att komma till denna värld d.v.s. till att födas till denna värld.

Denna orsak hör ihop med helheten, som är vårt gemensamma ursprungliga syfte. Vi skapar inte avskilda syften.

Denna orsak är den egna viljan och den är den enda anledningen till att Jaget skapar en person till denna värld. Den egna viljan är en del av helheten och dess förverkligande är till fördel för alla egna viljor.

Denna orsak, den egna viljan, är personens enda förpliktelse i livet. Alla andra erbjudna förpliktelser är lögner.

 *43. Varför är den äkta egna viljan den enda förpliktelsen som grundar sig på sanningen?*

Denna orsak kan förverkligas till den grad som personen är inre fri.

 *44. Hur hänger den äkta egna viljan och inre friheten samman?*

Personen

Personen består av tankar som definierar verkligheten för henne och fungerar som en jämförelsegrund när hon bedömer världen.

 *45. Varför består personen av tankar?*

Jaget skapar dess person med början i ett barn som föds och vars sinne i förhållande till det började livet är tomt.

I livet använder Jaget personen, upplever livet från den synvinkeln och är som person begränsad av den synvinkeln, men är som medvetenhet fortfarande obegränsad.

Att sinnet är tomt betyder inte att barnet skulle vara tomt på så sätt att han är omedveten om sig själv. Barnet är en person som är medveten om sig själv redan från början.

 *46. Varför är barnet inte omedvetet om sig själv?*

I detta skede är Jagets skapade vilja en vilja som inte ännu har en form, men barnet är medveten om den.

Jaget kan inte forma tankar i barnets sinne i enlighet med dess vilja, eftersom det inte finns de nödvändiga redskapen till det i barnets sinne.

Jaget kan skapa tankar i barnets sinne på dess synvinkels villkor.

 *47. Varför kan inte Jaget skapa tankar i barnets sinne i enlighet med den egna viljan?*

Om barnet växer upp i en omgivning som starkt förhindrar barnet att forma något i sin äkta egna viljas riktning, kvävs barnet och växer upp till att bli helt styrd av yttre tankar.

 *48. Varför kvävs barnet om den yttre hjälpen inte stödjer tillväxten av den egna ursprungliga viljan?*

Jaget skapar barnets sinne, men det är knutet till barnets egenskaper och kan skapa personen endast inom dess ramar och handla inom den synvinkelns gränser, även om Jaget själv är gränslöst.

Vi ser personen som en aktör, men den egentliga aktören är Jaget, som kan använda personen bara inom ramarna av dess förmåga.

Personen skulle med god anledning kunna jämföras med ett spelredskap som Jaget skapar för att förverkliga sin egen vilja.

 *49. Varför kan personen jämföras med ett spelredskap?*

Om personen p.g.a. yttre påverkan växer upp till att bli något annat, är personen inte inom Jagets kontroll, och den kan inte användas till att förverkliga den egna viljan.

 *50. Hur kan yttre påverkan påverka personen?*

Ifall det i personen bevaras någon kontakt med den egna viljan, kan hon återföra sig själv till den äkta egna viljans stig.

 *51. Varför borde man återföra sin person till den egna viljans stig?*

Den artificiella personen

Den artificiella personen är produkt av inlärda tankar.

När barnet växer upp, kopierar han sin andliga omgivning och dess tankar.

Barnet kopierar tanken d.v.s. han gör en tanke i sinnet som motsvarar den erbjudna tanken så som han förstår den.

Barnet kan kopiera mycket mer än vad de vuxna vill lära ut till honom. Han ser mer än vad man vill berätta för honom.

Han skapar en kopia själv och placerar den i sitt sinne. Ingen annan kan placera något där, och inte heller ta bort något därifrån.

52. Varför kan ingen annan placera något i personens sinne och inte heller ta bort något därifrån?

I början kopierar barnet utan att ifrågasätta, eftersom det i hans person ännu inte finns egenskaper för att ifrågasätta.

När personen utvecklas, kan han i ökad utsträckning forma tankar själv och därför också ifrågasätta det som han blir lärd.

Att ifrågasätta det som lärs kan vara väldigt svårt, eftersom den grundläggande uppfattningen om livet redan har byggts upp, och den är inte längre i det medvetna på så sätt att man observerar den, istället tillämpas den.

Den fungerar redan som en formgivare av verklighetsbilden och den är vad som formar uppfattningar vid observationen av saker, den är inte objektet för observation. Personen är inte medveten om den som en tanke och kan inte observera den, den styr personens liv som en definition av verkligheten.

 *53. Varför och hur påverkar den grundläggande tanken, som finns i det omedvetna, personens uppfattningar?*

Vår andliga miljö strävar efter att likrikta beteendet och tänkandet med världens tankes synvinkel. Den vill att alla ska definiera syftet och verkligheten baserat på världens tanke, baserat på yttre tankar.

Att växa in i den erbjudna mallen är ett enkelt alternativ, eftersom det knappt stöter på något yttre motstånd. Om den accepteras helt, upplever man inte någon konflikt med den. Människor kommer bra överens med varandra genom att bete sig och tänka rätt enligt den mallen.

På det sättet är människor lätta att styra, eftersom en yttre tanke har accepterats till att vara styrande och rätt. Människorna har växt upp till att fråga och använda yttre svar för att definiera rätt, fel och meningen.

 *54. På vilket sätt har en yttre tanke accepterats till att bli en styrande faktor och varför?*

Vissa styr och törstar efter makt utan att förstå att de styrs av en yttre tanke.

Några innehar bra positioner i samhället och utan att veta om det stödjer de maktspelet, eftersom de styrs av en yttre tanke.

Vissa är i botten av hierarkin, men även de stödjer maktspelet, eftersom även deras tänkande styrs av en yttre tanke.

De är alla en del av maktspelet, även om de är i olika synvinklar, och deras tankar och den energi som de producerar går till att upprätthålla maktspelet.

 *55. Varför och hur stödjer de alla maktspelet, även utan att veta om det?*

Den som har växt upp till en artificiell person är långt ifrån sin egen ursprungliga vilja, eftersom hans sinne är fylld med lögnaktiga tankar som definierar förpliktelser och bindningar till omgivningen.

Dessa lögnaktiga tankar är maktspelets tankar, inte personens egna.

När världens tanke frågar vad någon vill, är frågan riktad till den artificiella personen och den syftar inte på den äkta egna viljan, utan på den artificiella personens vilja som är skapad efter de inlärda värderingarna, och som väljer sin viljas mål ur erbjudna och passande alternativ.

På så sätt har den artificiella personen blivit född, men hon vet sig inte vara en artificiell person som är styrd av en yttre tanke. Hon tror på riktigt att hon är den personen. Den är hennes verklighet.

 *56. Varför vet hon inte om att hon är en artificiell person?*

Några anar, några vet, men väldigt få är tillräckligt villiga att lösa detta problem.

 *57. Är du villig att lösa detta problem för egen del?*

Medvetenhetsnivå och frihet

Medvetenhetsnivå är lika med personens begränsningsnivå. Den ligger på något avstånd från den ovillkorliga sanningen.

Som utgångspunkt är den medvetenhetsnivån passande för den ursprungliga egna viljan, eftersom viljan är skapad enligt den.

Personens medvetenhet skyms när hon anammar den omgivande världens tanke, som i vår värld är en tanke som grundar sig på maktspelet och som kväver den inre friheten.

 *58. Varför försvagas tillståndet av personens medvetenhet efter födelsen?*

Frihet är frihet av den medvetenhetsnivå som fanns som utgångspunkt samt frihet för den synvinkeln att förverkligas.

Denna frihet hålls fångad av den tanke som världen har lärt ut och som vill uppfostra barnet till att bli styrd av yttre tankar.

Den hjälper inte barnet att växa efter sin egen ursprungliga viljas behov. Snarare förnekas den egna ursprungliga viljans existens eller så tigs den till döds.

I vår värld är den inre frihetens problem världens tankes lögn, eftersom den är orsaken till alla problem som förhindrar inre frihet och det förhindrar inre frihet.

Innan detta problem löses, har vi ingen anledning att fundera över andra problem. Det är vårt enda problem och nyckeln till frihet.

 *59. Varför är världens tankes lögn, maktspelet, vårt enda problem?*

Att tänka

Att tänka är att observera tankar och att snurra runt dem i sinnet.

Tankar är uppfattningar om verkligheten, inte själva verkligheten.

Om vi lär oss tankar och tänker baserat på dem, då använder vi tankar, inte verkligheten, som ett argument för våra tankar.

Det finns mängder av läror som vill ställa sig emellan verkligheten och observatören för att berätta om vad något är, och sådana läror är att lära sig färdiga svar, inte att observera verkligheten.

 *60. Varför är en tanke om verkligheten och verkligheten inte samma sak?*

Alkuajatus är inte sanningen, det är ett redskap för att observera sanningen. Det ska inte observeras som sanningen, utan användas som ett redskap när man observerar sanningen.

De beskrivningar som presenteras i Alkuajatus skall inte användas för att tänka logiskt och hitta sanningen genom att tänka.

En person som observerar tankar observerar inte verkligheten, hon observerar de tankar som hon har i sitt sinne.

Det enda sättet att nå sanningen är att observera själva sanningen. En tanke om den är endast en uppfattning om den, inte sanningen.

Sanningen kan inte skrivas, sägas eller ritas som bilder, men den kan beskrivas på ett sätt som hjälper en att närma sig den.

 *61. Varför är inte det skrivna eller andra uttryck sanningen, men kan vara en beskrivning av sanningen?*

38

Världens tanke

Världens tanke är för var och en de tankar som finns och förverkligas i den egna omgivningen.

Världens tanke förverkligas på olika sätt i olika kulturer och omgivningar, men i grund och botten är den densamma, endast sätten den förverkligas på är olika.

Världens tankes grundläggande tanke är maktspelet.

Maktspelet kan vara synlig strävan efter makt, som syns i t.ex. politiken och affärslivet samt i kriminaliteten.

Det kan vara ganska osynligt upprätthållande av maktens ordning genom att man accepterar maktspelets värderingar, och genom att man stödjer dess upprätthållande med sitt eget arbete samt genom att man utnyttjar positionen som den erbjuder.

Hursomhelst visar den sig i all mänsklig umgänge, såväl i hemmen och i skolorna som i arbetslivet och regeringarna.

 *62. Hur syns maktspelet i människors umgänge i olika miljöer*

Maktspelet finns djupt inne i människors sinne och den påverkar människors beteende i det vardagliga livet överallt och i allting.

Uppförande, moral, värderingar och verklighetsbilden är byggda på maktspelets grund.

 *63. Hur syns maktspelet i människors uppförande i olika situationer?*

Maktspelet belönar en med makt, pengar och position.

Det vill binda alla till maktspelet, eftersom makt strävar efter att underställa alla och det behöver också förlorare med i spelet. Utan förlorare finns det inga vinnare, utan underställda finns det inga underställare, utan utnyttjade kan man inte utnyttja.

Det innerhåller vinnare och förlorare, som båda är med och spelar maktspelet även om förlorarna går miste om positionen, pengarna och makten. Maktspelet hämtar sin styrka från alla och den delar ut sin styrka till sina vinnare.

 *64. På vilket sätt och från vad får maktspelet sin styrka?*

Maktspelets ständiga strävan är att bevara och öka sin makt.

Maktspelets produkter är underställande, krig och kriminalitet.

Maktspelet håller i allt med vilket den kan befästa sin makt, som t.ex. energi, mat, råmaterial samt land- och sjöområden. Det finns överallt och i allt.

Alla vi deltar i det om vi accepterar det och underställer oss det. Den artificiella personens väg är maktspelets väg. Maktspelet består eftersom vi själva är överens om dess upprätthållande.

En person som börjar gå den inre frihetens väg deltar inte längre i det, hon har börjat bryta sig loss från det, även om hon i någon grad är fast vid det t.ex. genom arbetet och de inlärda tankarna eller av praktiska skäl.

 *65. Vilka är med i maktspelet och stödjer det?*

40

Att underställa sig maktspelet är att underställa sig en yttre tanke och dess enda alternativ är inre frihet på individuell nivå och en fri värld när det gäller hela mänskligheten.

 *66. Varför är deltagande i maktspelet att underställa sig en yttre tanke?*

Den fria världen kan inte uppnås genom revolution eller på andra sätt genom att spela maktspel.

Så som något uppnåtts, upprätthålls det, eftersom det är byggt på det sättet, baserat på den principen.

Maktspelet försvinner inte genom maktspel, på det sättet förändrar man endast formen av hur maktspelet syns.

 *67. Varför kan inte den fria världen uppnås med en revolution?*

Den fria världen

Den fria världen är den inre frihetens värld, där var och ens liv styrs av den äkta och ursprungliga egna viljan, som alltid är god.

I den världen finns inga underställare, eftersom den äkta egna viljan inte underställer andra, och den strävar inte efter att bestämma över andra, utan den respekterar allas rätt till inre frihet.

Därför finns det i den världen inte heller kriminalitet, krig eller makt.

68. Varför finns det inte kriminalitet, krig eller makt i den fria världen?

Samhället i den fria världen fungerar som de fria viljornas summa, de är inte underställda någon tanke.

Den som tänker på maktspelets villkor tycker att en sådan värld är utopi, ett drömslott som inte är möjlig.

I själva verket är den fullt möjlig om vi förstår att maktspelet existerar för att vi själva förverkligar det.

Inget förhindrar oss från att avveckla det förutom de lögner som vi själva upprätthåller.

Maktspelet grundar sig på lögner. Den fria världen grundar sig på sanningen.

När vi slutar att ljuga, är vi i den fria världen.

69. Hur och varför kan vi avveckla maktspelet?

42

Svaren

Svaret på någon fråga är ett svar från någon synvinkel sett. Den synvinkeln påverkas av tiden ifråga, värderingarna, den upplevda viljan och vår förmåga att förstå verkligheten.

Inget svar är för evigt rätt, men ett helt rätt svar från någon synvinkel sett är därifrån sett det enda rätta svaret.

Världens tanke vill att vi ska söka efter svar från dess synvinkel.

 *70. Varför vill världens tanke att vi ska söka efter svar från dess synvinkel?*

Från det egna jagets synvinkel sett behöver vi svar som är svar sett från vår äkta egen viljas synvinkel.

 *71. Varför behöver vi svar från vår egen synvinkel sett?*

När vi vill veta vad vi vill göra, måste vi först hitta vår äkta egen vilja. För att kunna hitta den, behöver vi lära oss att lyssna på oss själva på ett sätt som är fritt från yttre påverkan, eftersom vi annars inte hör oss själva.

 *72. Varför ska man lära sig att lyssna på sitt äkta jag?*

Det egna svaret

Vi behöver inte färdiga svar som omgivningen gärna öser över oss. Vi behöver något som hjälper oss att hitta våra egna svar.

Det egna svaret är ett uttömmande svar på den egna frågan. När svaret är uttömmande, är den tillräckligt fullständig i den stunden.

Det egna svaret grundar sig på egen insikt, på egen förståelse, och det är ett svar på den äkta egna viljans behov. Det svaret kan inte någon annan ge en, man måste hitta den själv.

Ett helt eget svar är ett svar som är rätt jämfört med den äkta egna viljan och den är klar för personen själv. Osäkerheten som hör ihop med saken försvinner. Hon vet vad hon vill.

När det egna svaret tillämpas i praktiken, är resultatet gott och funktionellt ur livets synvinkel sett. Personens liv formas enligt hennes äkta vilja.

 *73. Varför är det äkta egna svaret en viktig sak?*

Den slutliga klarheten kommer oftast steg för steg. I någon stund upplever personen att hon ser tillräckligt. Vid en närmare granskning märker hon att det inte var tillräckligt, och då fördjupar hon sig i saken igen. Hon höjer kvalitén på svaret.

Man ska notera, att man inte skapar svaret genom att anstränga sig eller genom beslutsamhet. Det hittas inom en själv, i lugn och ro.

 *74. Varför är det egna svaret inte en produkt av beslutsamhet eller ansträngning?*

Att lyssna på sig själv

Att lyssna på sig själv är att lyssna på sin äkta inre röst. Nyckeln är ärlighet mot sig själv.

Det är inte frågan om en röst i den bemärkelsen att personen skulle höra någon tala, utan en känsla som tilltalar personen.

Den är inte en produkt av tankar och den är absolut inte en produkt av inlärda acceptabla tankar eller tankesätt.

Om personen nöjer sig med de allmänt accepterade värdena och det allmänt definierade goda samt de rätta svaren, kommer hon aldrig att nå sitt äkta jag.

Då hittar hon det som är det vanligaste sättet att skapa en god människa. Dess produkt är en människa som låtsas vara god och en människa som behagar omgivningens uppfattningar.

 *75. Varför kommer en som nöjer sig med de allmänt accepterade svaren aldrig att nå sitt äkta jag?*

Det äkta jaget och den äkta egna viljan är inte inlärda och inte definierade av den moral eller de värden som är rådande i världen. De definieras inte heller av samhällets eller andra människors påhittade behov, vilka alla hör till yttre tanke.

Att lyssna på sig själv är att lyssna på det verkliga jaget och att inom sig hitta de svar som berör det egna livet. Det är ursprunglig självhet.

 *76. Vad är ursprunglig självhet?*

Hur fortsätter jag?

Förhasta dig inte.

Fördjupa dig först grundligt i denna bok och fortsätt sedan i lugn och ro med nästa.

Ju bättre du förstår innehållet i denna bok, desto bättre förstår du innehållet i nästa bok.

Gå grundligt igenom även de kapitlen som berör fördjupning i saker. De har en stor betydelse och en bra observation av dem producerar insikter även om läsaren skulle uppleva att han redan har förstått dem. Det är nyttigt att återvända till dem även efter att ha fortsatt till nästa bok.

Ju bättre man förstår insikternas funktion, desto djupare kan man komma med observationen av saker.

Djup är inte tankars storhet, det är närhet till sanningen och det finns inga genvägar.

Om du tycker att denna bok inte ger dig tillräckligt, börja om från början och fördjupa dig noggrant i bokens innehåll. Fortsätt inte till nästa sida innan du upplever dig ha förstått innehållet av den föregående.

Om man inte får ut något av denna bok, får man inte ut något av nästa bok heller, eftersom förståelse av nästa bok förutsätter förståelse av denna bok, inte teoretiskt utan med äkta insikter.

Aktivchatt på nätet

Varje aktivbok har en Aktivchatt på nätet och inom bokens ämne. Deltagande förutsätter att deltagaren har denna bok.

Att delta är gratis för bokens första köpare eller ägare. Deltagande för en person ingår i bokens pris.

Du kan hitta länken till Aktivchatten och Insiktschatten på Alkuajatus hemsida, du kan använda länken på första sidan eller hitta den i verksamhetsdelen.

Aktivchatt på nätet är diskussion på Alkuajatus vis. Du får en bra preliminär bild av hur det fungerar från denna boks kapitel "Hur man fördjupar sig", sidan 10.

På hemsidans verksamhetsdel kan du hitta den aktuella och senaste versionen av Alkuajatus Insiktsverkstads guide. Den talar om hur Aktiv- och Insiktschattarna samt hur Insiktsverkstan genomförs och hur du får största möjliga nytta av dem. Guiden är kostnadsfri.

Innan du deltar i Aktivchattarna, bekanta dig även med Insiktsverkstans guide så att du förstår den. Du kan även ställa frågor om chattarna och Insiktsverkstan på hemsidan om du vill.

Om du till en början är osäker på att skriva i chatten, känn dig inte tvungen att skriva något. Läs vad de andra diskuterar om, och när du själv upplever att du vill skriva egna kommentarer, är det bara att börja skriva.

Du kan vara med i chattarna helt anonymt om du så vill.

Förutom Aktivchattarna kan du även delta i Insiktschattarna.

www.alkuajatus.org

Hannu:

Alkuajatus - Urtanken - Livets lilla handbok

Denna bok presenterar Alkuajatus grunder och med hjälp av denna bok kan du fördjupa din förståelse.

Läs mer på hemsidan.

Häftad - 15,5 x 22 cm - 280 s. - ISBN 9789524982900

Hannu:

Lär dig att lyssna på dig själv 2 aktivbok

Lär dig att lyssna på dig själv – seriens andra del. Hur hittar vi oss själva och hur kan vi minska den yttre påverkan. Boken dyker upp på hemsidan i samband med dess publikation. Publiceras sommaren 2013.

Hannu:

Brustna hjärtans aktivbok

Fördjupa dig i brustna hjärtans problem så att du hittar förståelse för de verkliga orsakerna och ökar din inre frihet när det gäller kärleksproblem. En bra bok om kärlek, även om inte hjärtat skulle vara brustet.

Publiceras på svenska inom kort

www.alkuajatus.org

Anmäl dig till postlistan på hemsidan, då får du information om Alkuajatus händelser direkt i din e-post.

Ge dig själv en chans, fördjupa dig grundligt i ditt livs mest centrala sak, vilken är din egen äkta vilja.

Världens tanke lär dig hur du hittar prylar och den artificiella personen. Alkuajatus lär dig hur du hittar dig själv och ett äkta eget liv.

www.alkuajatus.org